NOUVELLE MÉTHODE

HYGIÉNIQUE ET THÉRAPEUTIQUE

POUR SE

GUÉRIR SOI-MÊME

DANS UN

GRAND NOMBRE DE MALADIES

PROCÉDÉ SIMPLE ET FACILE

Se distribue gratis

A LA PHARMACIE R. RARLERIN

A TARARE

(RHONE)

Et chez tous les dépositaires de ses produits.

AVIS IMPORTANT

Café Hygiénique de santé, stomachique et fortifiant, préparé par R. BARLERIN, pharmacien-chimiste, gradué en médecine, avec le fruit du caféier privé de son principe âcre, amer et irritant, et additionné de deux fruits d'origine persane (le Juo et le Bauzas des Perses). Tous ces fruits sont torréfiés à la vapeur par un procédé particulier au laboratoire de chimie de M. BARLERIN.

Le *Café Hygiénique* ainsi préparé peut s'employer comme boisson ordinaire, sans causer la moindre irritation d'estomac ou d'intestins, et pour guérir un grand nombre de maladies, principalement celles qui affectent les voies digestives de l'estomac, du ventre, les maladies de la peau (voir page 9), et surtout pour les maladies des femmes.

Le *Café Hygiénique* se prépare soit à l'eau, soit au lait : la dose pour une tasse est d'environ 6 gram. (une cuillerée à bouche). Il remplace avec avantage tous les cafés, le racahout, le chocolat, etc.

Pour éviter les contrefaçons il ne se vend qu'en boîtes vertes d'un 1/2 kil. anglais, avec deux étiquettes, dont l'une porte la signature de l'inventeur, seul propriétaire :

R. BARLERIN, pharmacien.

Ce produit est déposé, conformément à la loi; les contrefacteurs ou imitateurs seront poursuivis.

LA MÉDECINE AUTREFOIS ET LA MÉDECINE AUJOURD'HUI

L'homme, jeté nu et sans défense sur cette terre, armé seulement de son intelligence, eut à pourvoir d'abord à ses besoins naturels. Se nourrir, se vêtir fut son premier soin ; celui de soulager ses maux physiques et de les adoucir dut être le second.

Aussi la Tradition et l'Histoire nous montrent-elles la médecine contemporaine des premiers âges de l'humanité. Le législateur des Hébreux, Moïse, a laissé, dans le plus anciens des monuments historiques que nous possédions, le *Pentateuque*, les moyens dont se servaient les Juifs pour traiter et prévenir leurs maladies.

Les honneurs divins étaient rendus par les peuples reconnaissants aux hommes qui avaient consacré leurs talents et leur génie au soulagement de l'humanité. C'est ainsi qu'Esculape fut le dieu de la médecine ; Junon, sa sœur, sous le nom de Lucine, présidait aux accouchements, et Hygie, sa fille, fut adorée comme déesse de la santé.

Les peuples, autrefois, étaient habitués à ne considérer, dans les phénomènes de la nature, que la puissance des dieux ; ils ne voyaient, dans les maladies, que la colère du ciel : de là les expiations et les cérémonies religieuses, qui étaient alors les seules ressources thérapeutiques employées.

Les castes sacerdotales (seules instruites alors) surent acquérir ainsi une foule de connaissances médicales qui, en Grèce, rendirent particulièrement célèbres quelques familles de prêtres. Parmi elles, on remarque celle des

Asclépiades, qui prétendait descendre d'Esculape. Aussi Galien dit-il, dans ses ouvrages, que les connaissances médicales étaient héréditaires; les parents les transmettaient à leurs enfants, comme une prérogative de famille.

Hippocrate, le célèbre fondateur de la médecine (cinq siècles avant notre ère), descendait aussi d'une famille de prêtres-médecins et depuis longtemps en possession de l'art de guérir. Il puisa de bonne heure, au sein de sa famille, et dans les temples où il fut élevé, les notions médicales alors connues.

Il publia ses *Aphorismes* (sentences détachées, et où, en général, un grand sens est renfermé en peu de paroles), qui constituent encore aujourd'hui la clé de voute des sciences médicales. Pour lui, les causes des maladies se rapportaient à un petit nombre de circonstances. Les changements des saisons, les variations de l'air, la température froide, chaude ou humide, la nature des eaux, etc., étaient les principales. (*De Acre, de Locis et Acquis.* HIPPOCRATE). Il pensait avec raison que l'action de ces causes viciant les éléments des fluides, altérait les fonctions des corps.

Le moyen-âge nous montre encore l'art de guérir presque exclusivement entre les mains des prêtres et des établissements religieux, sauf quelques bonnes châtelaines possédant certaines recettes de baumes ou d'onguents pour guérir les blessures que recevaient les chevaliers dans les batailles ou dans les tournois; mais il va sans dire que de part et d'autre, leurs connaissances étaient bien imparfaites.

Ce n'est donc guère que depuis l'établissement des écoles de médecine, telles qu'elles furent organisées par le décret du 21 germinal an XI (11 avril 1803), que datent seulement les connaissances médicales sérieuses. Parmi les bienfaits de la révolution de 89, se place sans contredit la liberté de l'enseignement, qui fait à chacun la part réservée à son intelligence. Depuis cette époque seulement, la médecine est devenue le partage de tous les sujets qui veulent s'y adonner, et c'est avec un certain contentement que les professeurs voient leurs cours de plus en plus fréquentés. Malgré cela, les connaissances, médicales devraient être en la possession de tout le monde aujourd'hui. Je dis que ce devrait être un besoin urgent pour ne pas dire une nécessité et un devoir pour chacun de connaître les maladies, du moins les plus communes, et cela afin de pouvoir se soulager et se guérir soi-même.

Telles sont les raisons qui m'ont fait écrire cet opuscule. Si le public, désireux de s'instruire dans la science médicale, ne se montre pas trop sévère à mon petit livre, bien incomplet, je lui promets dans la suite un ouvrage plus étendu, tout en restant à la portée de toutes les intelligences.

La médecine, aujourd'hui, offrira cette différence avec celle d'autrefois, c'est que tout le monde sera médecin, tandis qu'autrefois ce privilége n'appartenait qu'à un très-petit nombre. Ce sera une grande révolution accomplie à la satisfaction de l'humanité tout entière.

Avant d'entrer en matière, je me permettrai quelques observations; mais je serai court, afin de ne pas trop empiéter sur ce livre, déjà si petit.

Ce qu'on appelle un charlatan.

On décore généralement, dans le monde, du nom de *harlatan* tout médecin faisant de la publicité pour faire révaloir une doctrine à lui, ou faire connaître des méicaments sûrs, pour la guérison des maladies. Ce déorum est toujours donné par des jaloux et sans examen réalable de cause; on attribue toujours au publiciste un obile qui existe, il est vrai (celui de gagner de l'argent), mais l'on ne s'arrête pas à celui qui est de soulager l'humanité.

Croyez-vous qu'un médecin consciencieux (et ils le sont tous) n'ait pas d'autre mobile pour guérir que celui de gagner de l'argent? Ne croyez pas cela; la médecine, pour presque tous les médecins, est un sacerdoce qu'ils exercent avec plus ou moins de dignité; mais leur but unique est de guérir.

Celui qui prend la plume pour faire de la publicité est semblable à ces prêtres courageux qui abandonnent leur pays pour aller, dans des contrées lointaines, porter la foi du Christ; le prêtre brave les fatigues, expose sa vie, et cela pour arracher des âmes à l'ignorance, faire des prosélytes, en un mot, sauver des âmes : voilà son premier mobile; le second, pour lui, est de sauver la sienne. Quelle différence voyez-vous entre ces deux hommes, sinon que l'un est médecin spirituel et l'autre médecin corporel? Leur tâche est grande et belle à tous deux. Comme le prêtre-missionnaire, le médecin qui veut faire de la publicité s'expose à se voir donner le nom de *charlatan* et cela parce qu'il veut rendre des services à ses semblables, en leur indiquant les moyens propres à se soulager lorsqu'ils souffrent. Mais qu'importe! sûr de faire une bonne action et de rendre service à mes semblables, je continuerai ma tâche, malgré le nom de *charlatan* qu'on pourra me donner; il se trouvera, je l'espère, des esprits assez justes pour faire à mon œuvre désintéressée l'accueil qu'elle mérite.

CE QUE C'EST QUE LA MÉDECINE.

La médecine est un art qui a pour but la conservation de la santé et la guérison des maladies.

La médecine se divise en deux parties distinctes :

1° L'Hygiène ; 2° la Thérapeutique.

De l'Hygiène.

Avec des soins hygiéniques bien compris, on parviendrait sans peine à jouir d'une santé parfaite. Je suis de l'avis d'Hippocrate, pour ce qui est des causes qui produisent les maladies, savoir qu'elles sont toujours occasionnées par les changements des saisons, variations brusques de température, le froid, les grandes chaleurs, l'humidité, les aliments malsains, la nature des eaux, et surtout les boissons de toutes sortes dont on fait généralement de trop grands abus.

Régime Hygiénique.—Pendant l'hiver, il faut avoir soin de prendre pour nourriture des aliments chauds, de se bien couvrir, surtout lorsque l'on sort d'appartements trop chauffés ; c'est là l'unique source des rhumes et des fluxions de poitrine (pneumonie). Pour se bien garantir des rhumes, il faut éviter surtout le froid à la tête et aux pieds; il y a un vieux proverbe qui dit : « Pendant l'hiver, tenez-vous chaudement la tête et les pieds, le ventre libre, et vous jouirez d'une santé parfaite. »

Pendant les chaleurs de l'été, mangez des choses fraîches, des légumes, du lait, etc., mais peu de viandes, car elles sont peu salubres dans cette saison.

J'arrive maintenant aux causes d'hygiène qui sont, sans contredit, la cause du plus grand nombre de nos maladies ; je veux parler des aliments malsains et des boissons insalubres. Je n'aurais su passer sous silence une partie aussi importante et qui fait un si grand nombre de victimes dans les grands centres manufacturiers. J'appelle hautement toute la rigueur des lois contre l'empoisonnement des boissons et des comestibles ; le mauvais pain et le mauvais vin (je comprends avec le vin le cidre, la bière, le poiré, etc.) sont des poisons plus ou moins lents, suivant la proportion de la fraude.

L'ouvrier des grandes villes, (c'est à lui que je m'adresse en ce moment), gagnant un salaire très-limité, s'ingénie à trouver les denrées à bon marché, sans se soucier qu'il avale chaque jour lè poison qui doit le tuer, et qu'il creuse lui-même sa tombe. Il devrait cependant bien y réfléchir ; car souvent il est père de famille et le seul soutien de sa maison. Je vais lui donner de sages conseils ; qu'il les suive, il y aura, pour lui et les siens, économie d'argent d'abord et conservation de sa santé ensuite.

Je conseille donc à l'ouvrier intelligent de prendre toujours pour sa nourriture habituelle du pain de première qualité ; ce pain, plus cher par le fait, est cependant meilleur marché, parce qu'il est *bien plus nourrissant* (contenant davantage de gluten, qui est le principe nourrissant par excellence). Qu'il emploie de préférence à toutes les viandes le bœuf qui lui servira à faire du bon bouillon, chose bien préférable à la charcuterie qu'il emploie et qui contient toujours une plus ou moins grande quantité de salpêtre (sel de nitre impur), principe très-irritant.

Pour sa boisson, il consomme souvent du vin fabriqué sans raisins, et tout simplement avec une décoction de bois d'Inde ou des baies de myrtille, de l'alun et des eaux-de-vie de dernière qualité, ou souvent encore des mélanges de vins de divers pays ou qualités, qui, ingérés dans l'estomac, contiennent leur fermentation interrompue, s'acidifient, brûlent l'estomac, et occasionnent des indigestions fréquentes, des gastralgies ou des gastrites, qui sont toujours des maladies longues et difficiles à guérir.

Je vais vous donner en passant la formule d'une boisson saine, agréable et fortifiante, préférable pour l'ouvrier à toutes sortes de vins, et qui coûte 50 pour % meilleur marché que le vin ordinaire. Prenez une boîte de *Café Hygiénique Barlerin*, et mettez-en quatre cuillerées à bouche dans un litre d'eau bouillante, laissez infuser dix minutes, passez, mettez alors dans le liquide un gros morceau de sucre puis un verre de bon cognac, vous aurez ainsi une boisson saine et fortifiante, qui ne vous occasionnera jamais les accidents du mauvais vin. Cette boisson est déjà beaucoup employée dans les grands centres de l'Angleterre, depuis la dernière exposition, où ce Café a été admis.

Voici un fait notoire qui justifie mon assertion :

Notre intelligent Gouvernement sait bien tous les bons effets hygiéniques qu'on peut retirer de l'emploi du café ; et c'est pour ces raisons que, lorsqu'il envoie hors du sol de la mère patrie, ses soldats robustes et courageux, il ne manque pas de les mettre à l'usage du café des Iles ; et ce n'est que grâce à ce soin qu'il conserve son armée dans un état sanitaire satisfaisant, sans quoi les maladies décimeraient plus nos soldats que le feu des bataillons ennemis.

Je ne terminerais pas ce que j'ai à dire sur l'hygiène, si je ne faisais pas connaître le *Café Hygiénique de Santé stomachique et fortifiant*, qui, lorsqu'il sera bien employé, fera sûrement diminuer la statistique des malades.

Café Hygiénique de santé

STOMACHIQUE ET FORTIFIANT.

M. Barlerin, pharmacien-chimiste, gradué en médecine et membre de plusieurs sociétés savantes, à Tarare (Rhône), ayant fait de longues et pénibles études sur les cafés des Iles, a reconnu qu'ils seraient d'un emploi précieux pour la thérapeutique et pour l'hygiène, si l'on parvenait à enlever au fruit du *caffea arabica* (caféier) son principe irritant, qui cause seul l'insomnie, les douleurs dans les articulations, et les irritations d'estomac chez presque toutes les personnes qui font un abus de ce délicieux breuvage, et qui produit tant de bons effets, pris à dose convenable.

M. Barlerin a vu ses efforts couronnés d'un plein succès ; par un procédé de torréfaction, il prive le caffea arabica de son huile empyreumatique âcre et amère, et le mélange ensuite avec deux fruits d'origine persane également torréfiés. Préparé de la sorte, son *Café hygiénique* possède donc toutes les propriétés merveilleuses du café des Iles, et peut être employé sans inconvénient, même comme boisson ordinaire par les malades et les bien portants. N'ayant aucun des inconvénients signalés dans le café ordinaire, c'est un tonique et un digestif par excellence, car on lit, dans le *Journal de Médecine*, cet article sur ce café : « Le fruit du caféier est la substance du règne végétal qui contient le *plus de fer*. »

Indépendamment de ses nombreuses propriétés, le *Café hygiénique* se vend très-bon marché et se trouve ainsi à la portée de toutes les bourses ; il économise trois fois sa valeur en médicaments et n'a pas le désagrément d'en être un : il est d'un goût très-agréable.

Le *Café hygiénique de santé* se vend en boîtes vertes d'un demi-kil. anglais, au prix de 1 fr. 50 c. La dose pour une tasse est d'environ six gram. (une cuillerée à bouche). Une boîte peut faire 80 tasses, ou 15 litres de boisson économique environ.

De la Thérapeutique.

La Thérapeutique traite des agents qui sont propres à la guérison des maladies, agents qu'elle emprunte à la chimie, la matière médicale et l'hygiène. Pour se guérir il faut employer des remèdes. Avec rien l'on ne guérit aucune maladie, elles disparaissent momentanément quelquefois, mais elles ne se guérissent jamais. C'est donc un très-grand tort, de la part des malades, d'attendre lorsqu'ils éprouvent un malaise, qui eût cédé au moindre remède au début, ensuite s'aggrave et se change souvent en une longue et douloureuse maladie qui est parfois mortelle.

Afin de rendre l'étude des maladies et leur traitement plus faciles, je vais les diviser en neuf grandes sections, savoir : — 1° *Maladies des voies digestives* ;

2° *Maladies qui affectent la gorge, la poitrine et le ventre* ; — 3° *Maladies de la peau* ;

4° *Maladies syphilitiques et des voies urinaires* ;

5° *Maladies du foie et du cœur* ;

6° *Maladies goutteuses et rhumatismales* ;

7° *Maladies vermineuses* ;

8° *Maladies des femmes* ;

9° *Indispositions diverses* ;

1° Maladies des voies digestives.

Aigreurs d'estomac, Digestions difficiles (dyspepsie), Indigestions fréquentes, Maux d'estomac ; Gastralgies, Gastrites avec spasmes nerveux, Crampes d'estomac et Vomissements ; Pertes d'appétit, Constipation, Mélancolie, Hypocondrie, Faiblesse d'estomac.

Les *Aigreurs*, *Maux d'estomac* et les *Digestions difficiles* sont des indispositions fréquentes et qu'il est important de soigner au début, sous peine de voir dégénérer ces malaises en maladies bien plus graves.

MÉDICATION. — Dans ces trois cas, prendre un flacon Amygdaline purgative Michel, le matin à jeun (voir page 33), ensuite se mettre à l'usage du Café hygiénique à la dose d'une tasse après chaque repas.

Gastralgies, Gastrites avec spasmes nerveux, Crampes d'estomac et Vomissements. — Ces maladies sont la suite des malaises ci-dessus qui n'ont pas été soignés.

La gastrite, avec ses complications, est une maladie fort grave qui est produite par une inflammation de la membrane muqueuse de l'estomac. Cette maladie peut se développer sous l'influence de certaines causes prédisposantes individuelles; mais, le plus souvent, elle est déterminée par les variations brusques de l'atmosphère, l'usage d'*aliments de mauvaise qualité,* les substances alimentaires âcres et fortement épicées, l'abus des boissons spiritueuses, l'emploi de vinaigre falsifié, les indigestions répétées et non soignées, etc.

Médication. — Employer de suite le Café hygiénique, comme boisson ordinaire; prendre, avant chaque repas, une pincée de la Poudre stomacale calmante de Michel, et, après le repas, deux tablettes stomachiques du même préparateur. Dans le cas extraordinaire où les vomissements continueraient, appliquer au creux de l'estomac un emplâtre de thériaque de Venise, prendre dans la journée des verrées d'eau gazeuse. Cette maladie qui est souvent mortelle, cède toujours à ces moyens bien combinés. Dans le cas où le malade aurait une constipation opiniâtre, faire prendre un flacon Amygdaline purgative et l'administrer en lavement, dans le cas où le malade rendrait tout ce qu'il prendrait.

Continuer l'usage des tablettes stomachiques et du Café hygiénique jusqu'à parfaite guérison; et, dans la crainte d'une rechute, faire usage du Café hygiénique à la dose d'une tasse après chaque repas, afin d'éviter le retour de semblables accidents.

Pertes d'appétit, Constipation, Mélancolie et Hypocondrie. — Ces maladies sont aussi le résultat d'embarras gastriques, causés par la bile et les glaires, et qu'il est important de faire disparaître aussitôt.

Médication. — Prendre tous les trois jours, dans un verre de tisane de mauve, un flacon Amygdaline purgative préparé par Michel. Ce purgatif, agréable à prendre, n'irrite jamais les intestins, purge aussitôt et sans la moindre colique : joindre à ce médicament l'emploi du Café hygiénique à la dose d'une tasse après chaque repas, et les malaises disparaîtront comme par enchantement.

Faiblesses d'estomac. — Les personnes faibles d'estomac et les enfants malades déjeuneront tous les jours avec un bol de Café hygiénique préparé au lait. D'une digestion facile, il est préférable, par ses propriétés toniques, au chocolat, racahout, etc.

2° Maladies qui affectent la gorge, la poitrine et le ventre.

Angine, Amygdalite (esquinancie), Croup, Aphonie (extinction de voix), Asthme, Bronchite (toux, rhume), Coqueluche, Catarrhe pulmonaire, Grippe (fluxion de poitrine), Courbature (points de côté), Pneumonie, Pleurésie, Hémoptysie (crachement de sang), Phthisie pulmonaire et Laryngite chronique, Diarrhée et Dyssenterie.

Maladies de la gorge : *Amygdalite, Angine, Croup, Aphonie.* — Ces maladies comprennent toutes les affections qui ont leur siége dans le fond de la gorge et ne s'étendent pas très-avant dans le pharynx et le larynx. L'angine et l'amygdalite ne diffèrent entre elles que par l'intensité du mal et la plus grande difficulté de respirer.

L'*Amygdalite* est produite par l'inflammation des petites glandes placées de chaque côté des piliers du voile du palais et qui enflent quelquefois jusqu'au volume d'une amande : de là le nom d'amygdales qu'on leur donne.

L'*Angine* est une inflammation plus ou moins forte de l'arrière-gorge et quelquefois avec complication de taches d'un blanc jaunâtre ou grisâtre, qui sont des lambeaux de fausses membranes, rejetés par les malades et qu'on prenait pour des escarres.

Le *Croup* est aussi une espèce d'angine compliquée de fausses membranes ; mais c'est une maladie tellement grave, que je me bornerai à indiquer les symptômes pour la reconnaître, afin qu'on se hâte de faire appeler un médecin pour soigner le malade.

Le Croup est une maladie épidémique, on l'observe généralement dans les lieux bas et humides, et surtout pendant la saison des pluies et chez les enfants de deux à huit ans généralement forts. Symptômes : état fébrile, chaleur de la peau, fréquence du pouls, blancheur de la langue, tristesse et accablement. Souvent ce sont les symptômes catarrheux qui se manifestent dès le début (toux, rhume de cerveau) : ces phénomènes durent de un à cinq jours. La période inflammatoire arrive ensuite, la toux avec enrouement survient tout-à-coup et surtout pendant la nuit; quelquefois l'enfant se réveille avec suffocation imminente. La respiration devient alors bruyante et fait entendre un bruit semblable à la voix d'un jeune coq. Il ne faut pas attendre que tous ces symptômes alarmants se manifestent, il faut faire de suite appeler un médecin ; le croup étant une maladie prompte et difficile à guérir si elle n'est pas prise au début.

L'Amygdalite et l'Angine sont produites par les changements brusques de température ou par un refroidissement subit ; ces deux maladies se guérissent très-vite, en employant des infusions chaudes de chèvrefeuille miellées et en se tenant la gorge entourée de coton cardé. Dans le cas où le mal deviendrait plus intense, faire une application de sangsues à l'anus et employer des gargarismes alumineux.

Dans l'angine avec taches de membranes, prendre dans la journée cinq à six pastilles de chlorate de potasse.

L'*Aphonie* (Extinction de voix) n'est pas une maladie grave, mais peut le devenir, si elle n'est pas soignée. Elle est la suite d'un refroidissement subit.

MÉDICATION. — Prendre tous les soirs en se couchant une infusion chaude de bourrache et de sureau ; dans la journée, cinq à six morceaux de pâte pectorale fortifiante de Michel. Dans le cas où ces deux moyens ne seraient pas suffisants, appliquer entre les deux épaules un morceau d'emplâtre résolutif de Guillaume, préparé par Michel.

MALADIES DE POITRINE. — L'*Asthme* est une affection de l'appareil respiratoire, le plus ordinairement périodique, revenant par des accès que séparent des intervalles plus ou moins longs, quelquefois subits, d'autres fois annoncés par des flactuosités, des bâillements, ou une toux sèche, une urine abondante, aqueuse et limpide, les accès reviennent le plus souvent le soir ou pendant la nuit. Au moment de l'invasion de la maladie, le malade, brusquement réveillé par un sentiment d'oppression, ne peut supporter une position horizontale et aspire l'air de toutes ses forces. La respiration est bruyante, la toux pénible et suffocante ; d'autresfois les quintes de toux violentes amènent des crachats compacts, grisâtres, grumelés, fades et nauséabonds.

MÉDICATION. — Prendre toutes les deux heures une cuillerée à café du Julep calmant préparé sous forme de sirop par Michel, appliquer entre les deux épaules un large morceau d'emplâtre résolutif de Guillaume le Serviteur, du même préparateur, se couvrir la poitrine avec du coton cardé et faire des applications de moutarde aux jambes. Pour les femmes, ne pas craindre une application de moutarde entre les deux épaules.

La *Coqueluche* est aussi une toux convulsive, revenant par quintes à des intervalles plus ou moins longs, et consistant en plusieurs expectorations successives, suivies d'une aspiration pénible et sonore ressemblant à un cri de coq, d'où vient le nom de coqueluche. Les quintes de toux les plus fortes ont lieu le matin, la nuit, ou après les repas (ce qui occasionne des vomissements). La toux est produite par un chatouillement à la gorge. La coqueluche est contagieuse et épidémique, et affecte principalement les enfants (les grandes personnes n'en sont pas exemptes). Le même sujet peut aussi l'avoir deux fois. Cette maladie, non dangereuse de prime abord, peut le devenir en se changeant en Catarrhe pulmonaire.

Médication. — Faire prendre au malade : 1° des infusions bien chargées de Café hygiénique fortement sucré, mais pas trop chaud ; 2° deux cuillerées à bouche par jour du Julep calmant Michel ; application entre les épaules d'un cataplasme de farine de lin saupoudré de moutarde ; léger purgatif tous les sept jours avec un demi-flacon Amygdaline Michel. Ces moyens seuls sont sûrs pour débarrasser le malade promptement de cette indisposition.

La *Bronchite* (Rhume, toux) est une inflammation de la membrane muqueuse des bronches ; l'impression du froid en est la cause la plus ordinaire.

La bronchite légère (vulgairement toux, rhume) mérite à peine le nom de maladie. La bronchite intense offre dans son cours trois périodes distinctes, savoir : 1° une vive chaleur à la poitrine, toux fréquente et sèche, crachats sans consistance, oppression très-forte, peau sèche, pouls dur ; 2° peau humide, crachats plus consistants ; 3° chaleur de poitrine, toux rare, crachats opaques, quelquefois même puriformes, peau humide, absence de fièvre.

La bronchite légère cède facilement par l'emploi du

Café hygiénique chaud et sucré, et trois cuillerées à bouche par jour du Julep calmant; les personnes qui voyagent emploieront de préférence la pâte pectorale fortifiante au salep de Michel. Pour la réussite de ces moyens, il suffit de se tenir chaudement.

La bronchite intense ne doit pas être négligée, car elle est le point de départ d'une maladie bien plus grave: il suffit de citer la phthisie pulmonaire.

MEDICATION. — Faire usage comme boisson ordinaire du Café hygiénique pris chaud et sucré (boisson non irritante). Prendre ensuite toutes les deux heures une cuillerée à café de Julep calmant Michel; appliquer également entre les épaules un large morceau d'emplâtre résolutif de Guillaume Le Serviteur, préparé par Michel. Les personnes qui voyagent pourront remplacer le flacon de Julep par une boîte de pâte pectorale au salep de Michel, et s'appliquer sans inconvénient le morceau d'emplâtre résolutif. Toutes les bronchites cèdent immédiatement à l'emploi de ces moyens, La bronchite, chez les femmes, se complique quelquefois par le sang qui se porte sur la poitrine et occasionne une suffocation pénible. Dans ce cas, remplacer l'emplâtre Michel par une large application de moutarde entre les épaules puis aux mollets; employer ensuite les autres moyens.

Catarrhe pulmonaire et Grippe. — On appelle catarrhe toutes inflammations des membranes muqueuses avec sécrétion de ces membranes. Le catarrhe pulmonaire est donc une inflammation des poumons avec sécrétion de cet organe; la grippe est un catarrhe pulmonaire épidémique.

La MÉDICATION est la même que pour la bronchite. Les fluxions de poitrine, courbature, points de côté, Sont des commencements de pneumonie qu'il faut se hâter de combattre, et cela par des infusions chaudes de bourrache et de sureau adoucies avec du Julep calmant. Faire une application sur les points de côté avec un morceau d'emplâtre résolutif de Guillaume; repos et diète pendant quelques jours, et les accidents n'auront pas de suite.

Pneumonie et Pleurésie. — La pneumonie est une inflammation du parenchyme pulmonaire. La pleurésie est une inflammation de la plèvre. Ces deux maladies peuvent être aiguës ou chroniques, et ont entre elles les plus grands rapports, relativement aux symptômes et au traitement à suivre. Elles sont causées par un refroidissement subit, un exercice trop violent, un écart de régime ou une chute sur l'estomac. Leurs symptômes sont : difficulté de respirer, toux, crachats muqueux souvent sanguinolents, teint jaune et pâle, face bouffie, pieds enflés. Les forces baissent, et peu de temps après le malade qui n'est pas soigné meurt.

MÉDICATION. — Prendre des infusions chaudes de sureau et de bourrache sucrées avec du Julep calmant; faire prendre deux cuillerées par jour de sirop de Digitale antispasmodique du Dr Meynier; envelopper les pieds avec du coton cardé recouvert de taffetas ciré, afin d'exciter la transpiration : continuer ce traitement aussi longtemps que l'exigera la maladie, qui ne tardera pas de céder à ce traitement.

L'*Hémoptysie* (Crachement de sang) est une hémorrhagie de la membrane muqueuse pulmonaire, caractérisée par des crachats renfermant une plus ou moins grande quantité de sang vermeil et écumeux. L'hémoptysie peut être accidentelle ou inhérente à la constitution. Dans ce cas c'est une maladie très-grave; elle est souvent produite par l'exercice forcé de la voix, le jeu d'instruments à vent, la respiration de vapeurs âcres, etc.

MÉDICATION. — Application de sangsues à l'anus, moutarde aux jambes, emplâtre révulsif Michel entre les épaules. Boissons acides, froides, sucrées avec du Julep calmant. Aussitôt qu'il se manifeste une amélioration, employer des boissons astringentes (cachou ou ratanhia). On prévient une rechute, en suivant un régime sévère et en employant du Café hygiénique comme boisson et à la dose d'une tasse après chaque repas.

Phthisie pulmonaire et Laryngite chronique. — Ce sont deux maladies affreuses, parce qu'elles enlèvent toujours leurs victimes à la fleur de l'âge. Elles sont ordinairement héréditaires, mais souvent néanmoins elles sont produites par le séjour dans un air froid et humide et non suffisamment renouvelé, une alimentation insuffisante ou de mauvaise qualité, la masturbation et les excès vénériens, etc.

La phthisie pulmonaire présente trois degrés. Il est encore facile de la guérir au deuxième degré ; mais arrivée au troisième, la médecine est impuissante. Les symptômes sont : toux sèche au début (ce qui fait dire généralement qu'elle est le résultat d'un rhume négligé). Souvent des crachements de sang sont les premiers symptômes ; ensuite arrivent des crachats muqueux peu solubles dans l'eau, tantôt opaques et jaune clair ; sueurs nocturnes, fièvre continue, diarrhée débilitante, nez effilé, pommettes saillantes (leur coloration tranche sur la pâleur livide de la face), joues creuses, poitrine rétrécie. La poitrine, chez les phthisiques, offre une circonférence moindre que chez les individus dont les poumons sont sains ; ainsi l'homme, à l'état normal, mesure 20 centimètres entre les deux mamelons ; chez le phthisique au premier degré, cette distance n'est que de 19 centimètres ; à la deuxième période, 17, et à la troisième de 15 et même jusqu'à 10 centimètres. Ce moyen est certain pour reconnaître la phthisie.

La laryngite chronique ou phthisie du larynx a les

mêmes symptômes, et souvent n'est qu'une complication de la première ; elle offre en plus l'altération de la voix, la fétidité de l'haleine.

MÉDICATION. — Eviter avec soin toutes les causes qui peuvent produire ces terribles maladies ; combattre l'hémoptysie dès le début par la médication recommandée plus haut ; la toux, par des infusions chaudes de Lichen d'Islande adoucies avec du Julep calmant ; prendre dans la journée six tablettes de la Pâte fortifiante au salep de Perse de Michel, appliquer entre les épaules un large emplâtre résolutif de Michel : s'il ne suffit pas, mettre sur la poitrine un large vésicatoire, afin d'enlever l'irritation des poumons qui active la tuberculisation ; suivre un régime doux et fortifiant ; faire usage du Café hygiénique de santé, vin vieux aux repas, coupé avec de l'eau ; habitation dans un climat doux et au bord de la mer ; éviter les refroidissements avec soin.

On emploie les mêmes moyens pour la laryngite chronique. Ces moyens opèrent très-bien jusqu'à la deuxième période.

MALADIES DU VENTRE : *Diarrhée et Dyssenterie.*—La diarrhée (dévoiement) provient le plus souvent d'une irritation de la membrane muqueuse du canal intestinal, si elle n'est pas un symptôme de la phthisie.

MÉDICATION. — Boire de l'eau de riz sucrée avec du Julep calmant, cataplasme saupoudré de moutarde sur le ventre, si la maladie est un symptôme de la phthisie ; dans tous les cas, se tenir le ventre chaudement avec du coton.

La *Dyssenterie* est une diarrhée violente, épidémique et contagieuse, dont les symptômes sont de fréquentes évacuations muqueuses ou puriformes, souvent mêlées de sang avec tranchées et sentiment d'ardeur dans le colon (gros intestin).

Médication. — Prendre dès le début 30 gram. sulfate de soude dans un verre d'eau, boire pour tisane de l'eau gommée, a loucie avec du Julep calmant. Lavements amidonnés et avec une tête de pavot, sinapismes sur le ventre, diète et repos;

Ces moyens sont immanquables.

3° Maladies de la peau.

Aphthes, Abcès, Furoncles, Clous, Panaris, Erysipele, Dartres, Prurigo, Plaies anciennes, Teigne, Surdité, Maux d'yeux (ophthalmie), Goitre, Glandes, Rougeole, Scarlatine, Variole, Urticaire, Humeurs froides, Carreau, Scrofules, Rachitisme, Scorbut.

Les *Aphthes* sont une éruption de petits boutons purulents qui viennent sur les parois de la bouche, qui, chez les enfants, constituent le muguet et le blanchet.

Médication. — Toucher les boutons avec un mélange de miel rosat et de borate de soude; faire prendre aux enfants trois cuillerées à café par jour de Rob de noix de Michel.

Abcès, Furoncles, Clous et Panaris. — Ces indispositions sont assez communes et viennent par tout le corps, sauf les panaris, qui affectent toujours la pointe des doigts.

Médication. — Dès le début, appliquer deux sangsues sur l'endroit douloureux et prendre un flacon d'Amygdaline purgative; l'indisposition n'aura pas de suite.

Lorsque ce moyen est employé trop tard il faut employer les cataplasmes et les onguents suppuratifs, puis prendre à l'intérieur deux cuillerées par jour du Rob de noix, et de temps en temps un flacon Amygdaline purgative pour éviter le retour de ces accidents.

L'*Erysipèle* est une irritation cutanée venant sur toutes les parties du corps; lorsqu'il affecte la figure, appliquer des sangsues à l'anus, puis faire des frictions sur la partie malade avec une pommade au sulfate de fer;

prendre ensuite deux cuillerées à bouche tous les trois jours de l'Elixir tonique antiglaireux du docteur Meynier.

Dartres, Prurigo de plaies anciennes. — Sont appelées Dartres des éruptions de petits boutons qui sécrètent de l'humeur et produisent une très-grande démangeaison. Le Prurigo est une maladie dartreuse qui a pour cause, comme les dartres, l'âcreté du sang.

Médication. — Toucher les dartres et les boutons du prurigo avec de l'huile de cade ; prendre ensuite deux cuillerées à bouche du Rob de noix préparé par Michel : tous les huit jours, prendre un flacon Amygdaline purgative. Les plaies anciennes seront pansées avec un linge imprégné d'un mélange d'eau blanche et de vin aromatique. S'il y a de l'inflammation, mettre des cataplasmes de farine de lin, prendre ensuite tous les deux ou trois jours deux cuillerées à jeun, de l'Elixir tonique antiglaireux du Docteur Meynier.

Gale, Teigne, Ophthalmie (maux d'yeux), *Surdité.* — La *Gale* est une maladie contagieuse, produite par l'infection d'insectes microscopiques nommés Acares.

Médication. — Prendre : 1° un flacon Amygdaline au début ; 2° un bain savonneux et deux frictions le soir, sur tout le corps avec la pommade d'Helmérick ; prendre un second bain après les frictions, puis un second flacon d'Amygdaline purgative, et quarante-huit heures après, le malade est toujours guéri.

La *Teigne* est une maladie qui affecte plus spécialement la tête et se présente sous forme de taches rouges, recouvertes de croûtes ressemblant à un végétal parasite.

Médication. — Faire tomber les croûtes avec des cataplasmes de farine de lin, puis graisser avec de la pommade d'acétate de cuivre ; faire usage du Rob de noix de Galien ioduré, à la dose de deux cuillerées par jour.

Les *Maux d'Yeux* sont produits par une irritation générale et le séjour dans des lieux humides ou malsains.

MÉDICATION. — Employer un collyre au sulfate de zinc laudanisé, ou bien de la pommade au précipité rouge pour toucher les paupières; faire usage de l'Elixir tonique antiglaireux du Docteur Meynier.

Surdité. — Elle passera très-vite aussi par l'emploi de l'Elixir tonique dépuratif et antiglaireux du Docteur Meynier, et l'emploi du café hygiénique de santé.

Rougeole, Scarlatine et Variole. — Ce sont des maladies éruptives, précédées de maux de cœur, dégoût, toux, maux de gorge et fièvre; puis paraît l'éruption : seulement dans la variole, l'éruption est pustuleuse. Toutes ces maladies sont épidémiques et contagieuses; elles ne sont dangereuses qu'autant qu'elles sont mal soignées.

MÉDICATION. — Débuter par prendre un flacon Amygdaline purgative; prendre ensuite des infusions chaudes de bourrache et de sureau pour faciliter l'éruption; faire prendre quatre cuillerées par jour de Julep calmant pour calmer la toux. A la fin de la maladie, faire prendre un second flacon d'Amygdaline purgative : avoir soin, tout le temps que durera la maladie de ne pas, prendre des refroidissements, car alors elles deviendraient très-sérieuses.

L'*Urticaire* est aussi une maladie éruptive qui ressemble à des piqûres d'orties (d'où vient son nom de Urticaire).

MÉDICATION. — Laver les éruptions de boutons avec de l'eau vinaigrée, puis faire usage du Rob de noix de Galien de Michel, à la dose de deux cuillerées par jour; prendre aussi de temps en temps un flacon Amygdaline purgative, tous les 15 jours environs.

Le *Goître* est un accroissement anormal du cou. Cette maladie est commune dans les pays froids ou humides; elle est souvent héréditaire.

MÉDICATION. — Faire des frictions avec la pommade

d'iodure de potassium ; se tenir le cou chaudement et prendre deux cuillerées par jour de Rob de Noix iodure. Avec ces deux préparations, on est toujours sûr de guérir.

Scrofules (glandes, humeurs froides écrouelles, carreau). Les *Scrofules* consistent en gonflement avec ou sans tuberculisation des ganglions superficiels, et particulièrement de ceux du cou ; alors les scrofules sont des glandes, humeurs froides, écrouelles. Lorsque les ganglions du ventre sont affectés, la maladie est appelée *Carreau.*

Les maladies scrofuleuses sont communes chez les enfants faibles et habitant des pays froids ou humides ; elles sont très-graves et souvent héréditaires.

Médication. — Faire suivre un régime fortifiant ; porter des vêtements chauds ; faire de l'exercice et faire usage, comme boisson, du Café hygiénique de santé ; prendre également deux cuillerées par jour du Rob de noix iodure. Ce médicament est de beaucoup préférable à l'huile de foie de morue que beaucoup de médecins ordonnent, je ne sais trop pourquoi ; car c'est un fort mauvais médicament sous tous les rapports. Il dégoûte toujours les malades, ce qui empêche tous les bons effets qu'on en attend, tandis que le Rob de noix iodure, contenant plus de principes médicamenteux, stimule l'appétit et fortifie la poitrine en facilitant la digestion : il possède, en outre, un goût très-agréable.

Le *Rachitisme* ressemble beaucoup aux scrofules ; mais, en outre, à l'affection des ganglions, il y a altération du système osseux. Suivre la même médication que pour les scrofules.

Le *Scorbut* est une affection plus ou moins forte des gencives, avec fétidité de l'haleine, etc. Il se développe dans les grandes réunions d'individus, les lieux froids et humides.

Médication. — Même régime que ci-dessus : Café

hygiénique, Rob de noix ioduré à la même dose; gargarisme avec l'alcool de cochléaria étendu d'eau.

4. Maladies Syphilitiques et des Voies urinaires.

Blennorrhagie (chaude-pisse), Vaginite, Orchite, Bubons vénériens, Végétations vénériennes (choux-fleurs, poireaux, crêtes-de-coq), Balanite, Phimosis et Paraphimosis, Rétrécissement du canal, Ophthalmie syphilitique, Chancres, Fistules à l'anus, Calculs urinaires, Pertes séminales nocturnes.

La *Blennorrhagie* (chaude-pisse des hommes), la *Vaginite* (chaude-pisse des femmes) sont des maladies vénériennes locales, non syphilitiques, et qui doivent céder facilement à un traitement simple et rationnel : le mercure est complètement inutile pour guérir ces maladies.

La blennorrhagie et la vaginite surviennent du deuxième au dixième jour; on commence par sentir une légère démangeaison qui ne tarde pas à se changer en une cuisson lorsque le malade urine. Bientôt apparaît l'écoulement muqueux, qui devient de plus en plus abondant : il a au début une couleur jaune verdâtre, puis devient d'un *jaune-blanc*; la nuit, douleur intolérable, s'il y a érection.

Médication. — Prendre pendant la première huitaine des boissons mucilagineuses (graine de lin, guimauve), l'adoucir avec du sirop d'orgeat; prendre dès le premier jour de la maladie un flacon Amygdaline purgative. Après les huit jours de tisane, prendre quatre capsules au baume de Copahu pur de Michel, deux fois par jour, employer ainsi deux boîtes de capsules (environ 160), et la guérison est toujours complète, si l'on a soin d'observer un régime sévère. Se priver de bière, vin et liqueurs; ne manger aucun aliment épicé, ni salade; observer un régime très-doux, sinon point de guérison. Je n'emploie, en fait d'injections, que de l'eau fraîche, les injections ayant l'inconvénient d'occasionner des rétrécissements plus graves que la maladie à guérir; prendre un flacon d'Amygdaline après la guérison complète, afin de la consolider.

L'*Orchite*, ou *Gonflement de l'enveloppe des testicules* (vulgairement chaude-pisse tombée dans les bourses) est une complication de la Blennorrhagie non soignée. Faire de suite sur les testicules une application de sangsues, cataplasmes de farine de lin, puis friction avec l'onguent napolitain belladonisé.

Pour tisane, prendre du sirop d'orgeat avec de l'eau, et prendre deux cuillerées par jour de Rob de noix ioduré.

Les *Bubons vénériens* viennent à la suite de la blennorrhagie non soignée. Frictions avec l'onguent napolitain *Cicuté*, puis prendre du Rob de noix ioduré de Michel.

Végétations vénériennes (choux-fleurs, etc.). — Cautérisation avec un crayon de nitrate d'argent fondu, puis faire usage du Rob de noix ioduré de Michel ; prendre ensuite tous les huit jours un flacon d'Amygdaline purgative.

Balanite (inflammation du gland).— Prendre des bains d'eau blanche et faire usage du Rob de noix ioduré.

Phimosis et Paraphimosis. — (Demandent les soins d'un chirurgien).

Rétrécissement du canal. — Prendre des injections belladonisées, employer des sondes en augmentant de grosseur ; emploi du Rob de noix ioduré.

Chancres — Cautérisation à la pierre infernale ; purgatif tous les huit jours avec un flacon Amygdaline ; Rob de noix ioduré, quatre cuillerées par jour.

Ophthalmie syphilitique. — Collyre avec la liqueur de Wan-Swieten étendue ; prendre du Rob de noix ioduré.

Fistules à l'anus. — Se laver avec de la liqueur de Wan-Swieten pure ; usage du Rob de noix ioduré.

Calculs urinaires. — Boisson : Café hygiénique ; additionner chaque litre de quatre grammes de bicarbonate de soude.

Pertes séminales nocturnes. — Se peu couvrir la nuit ; lit pas trop moelleux ; uriner dès qu'on se réveille ; boire du Café hygiénique ; se purger de temps en temps avec l'Amygdaline purgative ; porter une ceinture camphrée.

5° Maladies du Foie et du Cœur.

Ictère (jaunisse), Anévrisme, Hypertrophie, Palpitations de cœur, Hydropisies diverses.

L'*Ictère* (jaunisse) est une maladie caractérisée par la coloration jaune de la peau et de l'urine, une douleur sourde à la région du foie, un gonflement plus ou moins intense de l'abdomen (ventre). La jaunisse est produite par un mélange de la bile avec le sang.

MÉDICATION. — Faire usage du Café hygiénique comme boisson ; ajouter par litre de cette boisson, quatre grammes bicarbonate de soude ; prendre ensuite tous les trois jours un flacon d'Amygdaline purgative : continuer ce traitement jusqu'à la fin de la maladie. J'engage le malade qui ne veut pas avoir une rechute à continuer le Café hygiénique à la dose d'une tasse après chaque repas et l'Amygdaline purgative tous les mois.

Anévrisme, Hypertrophie, Palpitations de cœur. — L'anévrisme provient d'un déchirement des parois internes des cavités du cœur ou de leurs accessoires.

L'*Hypertrophie* provient de l'épaississement des parois du cœur et de la paralysie de ses valvules.

Les *Palpitations* sont des battements de cœur plus fréquents ou plus forts et plus étendus qu'ils ne doivent l'être. Les palpitations continues dépendent souvent d'une lésion physique du cœur ; celles qui sont intermittentes tiennent souvent à une affection nerveuse.

MÉDICATION. — La Digitale est sans contredit le médicament employé avec le plus de succès dans le traitement des maladies du cœur ; la préparation de Digitale la plus commode à prendre, est le sirop antispasmodique à la Digitale du docteur Meynier. Ce sirop ralentit la circulation, régularise les mouvements du cœur d'une manière très-sensible, tout en calmant l'irritabilité du système nerveux.

Les grandes personnes en prendront de deux à trois cuillerées à bouche par jour (les enfants des cuillerées à café). Usage du Café hygiénique de santé Barlerin.

Hydropisies. — On donne généralement ce nom à tous les épanchements de sérosité dans une cavité quelconque du corps ou dans le tissu cellulaire ; de là les hydropisies du cœur, de la poitrine, etc.

MÉDICATION. — Prendre des infusions des cinq racines apéritives nitrées ; prendre également trois cuillerées par jour du sirop Antispasmodique à la Digitale du docteur Meynier ; Adjoindre à ce traitement un flacon Amygdaline purgative Michel, pris tous les huit jours.

6° Maladies goutteuses et rhumatismales.

Migraine, Névralgies du front (tic douloureux), Maxillaire (des dents et toute de la mâchoire), du Fémur (sciatique), Lombaire (lombago), Néphrite, Rhumatismes et Goutte.

La *Migraine* est une douleur succincte et superficielle, n'occupant qu'un côté de la tête, sujette à des retours périodiques et accompagnée de troubles gastriques. Ces symptômes peuvent être déterminés par des causes diverses.

MÉDICATION. — Combattre l'embarras gastrique par des purgatifs ; emploi, dans ce cas, de l'Amygdaline purgative ; faire usage du Café stomachique après chaque repas ; appliquer des mouches de Milan sur la douleur ; faire prendre dans un moment de calme, si les moyens précédents n'ont pas réussi, du sulfate de quinine dans une tasse de Café hygiénique bien chaud.

Névralgies. — C'est un nom générique pour beaucoup de douleurs, caractérisées par des intermittences et des retours périodiques ; ainsi la Névralgie du front (tic douloureux), Maxillaire (des tempes et de la mâchoire), du Fémur (sciatique), Lombaire (lombago).

MÉDICATION. — Usage du Café hygiénique après chaque repas ; application d'une mouche de Milan dans les névralgies du front et maxillaires. Pour les deux autres, faire des frictions sur la douleur avec le baume de Soliman de Catinelle ; prendre également tous les deux jours deux cuillerées à bouche de l'Elixir tonique antiglaireux du docteur Meynier.

Néphrite, Rhumatismes et Goutte. — La *Néphrite* est une inflammation du tissu des reins avec suppression de l'urine et vives douleurs.

MÉDICATION. — Prendre deux cuillerées à bouche par jour de l'Elixir tonique antiglaireux du docteur Meynier ; frictions sur la douleur avec le baume de Soliman ; deux tasses de Café hygiénique par jour, avec addition d'un gramme bicarbonate de soude.

Rhumatismes. — On nomme ainsi toutes les douleurs qui se manifestent par tout le corps sans qu'il y ait ni enflure ni rougeur.

MÉDICATION. — Prendre un flacon Amygdaline purgative tous les huit jours ; frictionner la partie malade avec du baume de Soliman, ou bien application d'un morceau d'emplâtre résolutif de Guillaume.

La *Goutte* diffère du rhumatisme en ce qu'elle attaque toujours les articulations et qu'elle commence presque toujours par une douleur vive aux gros orteils. Cette maladie offre deux phases distinctes : la Goutte aiguë et la Goutte chronique.

MÉDICATION. — *Goutte aiguë* : prendre tous les jours deux cuillerées à bouche de l'Elixir purgatif Meynier ;

usage du Café hygiénique avec addition de bicarbonate de soude, quatre grammes par litre.—*Goutte chronique* : Prendre un flacon Amygdaline purgative tous les quinze jours; prendre également deux cuillerées à bouche du Rob de noix iodure chaque jour ; usage du Café hygiénique.

Impuissance. — Frictions sur les reins avec le baume de Soliman.

7° Maladies vermineuses.

Quoique les vers attaquent tous les âges, les maladies vermineuses sont plus communes chez les enfants. Il n'en est pas de plus fréquentes, ni très-peu de plus dangereuses que celles occasionnées par la présence des vers, soit qu'ils se trouvent dans l'estomac ou dans les intestins. Cependant l'expérience prouve que beaucoup de maladies de ce genre pourraient être prévenues chez les enfants, si les personnes chargées de les élever reconnaissaient mieux les symptômes qui indiquent leur existence. En effet, combien de toux tenaces et quinteuses, des coliques violentes et même des convulsions mortelles seraient évitées, si l'on avait eu recours à l'emploi des *antivermineux !* Combien de mères pleurent des enfants qu'elles auraient conservés si elles n'avaient pas négligé l'observation des symptômes suivants, qui sont l'indice certain de la présence des vers ! Le malade éprouve du dégoût, des aigreurs d'estomac, des vomissements et quelquefois la diarrhée (verte ou jaune), des démangeaisons à la gorge et au nez (signe caractéristique), quelquefois des convulsions violentes. Mais un signe certain et infaillible est la dilatation de la pupille de l'œil et un affaiblissement de cet organe.

Médication. — Le remède le plus sûr est le Julep vermifuge de Brugnatelly, préparé par Michel. Dans les convulsions, employer en frictions sur le ventre de l'essence vermifuge du même auteur : employer ces deux remèdes suivant la notice qui accompagne chaque flacon. Les enfants les plus vermineux sont vite débarrassés de ces redoutables ennemis par l'emploi de ces deux préparations. Les grandes personnes peuvent employer les mêmes médicaments, mais à plus forte dose.

Ver solitaire. — Faire prendre vingt grammes de kousso en infusion, par-dessus un flacon d'Amygdaline.

8° Maladies des Femmes.

Aménorrhée (absence du flux menstruel), Chlorose (pâles couleurs), Leucorrhée (pertes blanches), Chute de matrice.

L'*Aménorrhée* est l'absence du flux menstruel, causée par toute autre cause que la grossesse.

MÉDICATION. — Faire prendre, matin et soir, une cuillerée du sirop aromatique de Michel, dans une infusion chaude non sucrée de Café hygiénique de santé ; prendre également après chaque repas une tasse de Café hygiénique ; faire des applications de moutarde aux jambes.

La *Chlorose* est une maladie qui affecte plus spécialement les jeunes filles non réglées. Cette maladie est caractérisée par la coloration blanche ou jaunâtre de la peau (pâles couleurs), une digestion difficile, gêne dans la respiration, lassitude spontanée, tristesse, palpitations de cœur, etc.

MÉDICATION. — Prendre, matin et soir, une infusion de Café hygiénique sans sucre et additionnée d'une cuillerée le matin, du sirop ferrugineux de Michel ; dans l'infusion du soir, mettre du sirop aromatique ; et si la malade éprouve des palpitations de cœur, remplacer le sirop aromatique par le sirop de Digitale du docteur Meynier, Usage, après chaque repas, d'une tasse de Café hygiénique.

La *Leucorrhée* est une inflammation de la membrane muqueuse de la matrice, ou parfois de son col ou du vagin, avec écoulement ordinairement blanc.

Médication. — Suivre un bon régime ; vin aux repas ; injections alumineuses ; usage du Café hygiénique après chaque repas.

Chute de matrice. — Faire une application sur le ventre avec l'emplâtre de César, de Michel ; boire, matin et soir, une infusion de matricaire ; faire usage, après les repas, du Café hygiénique de santé.

9° Indispositions fréquentes.

Maux de dents. — Imbiber du coton pour mettre dans la carie avec un mélange de chloroforme et de laudanum.

Brûlures. — Application de papier chimique Michel.

Cors aux pieds. — Appliquer sur le cor, après l'avoir coupé, un morceau de toile médicale de Michel.

Calvitie. — Emploi de la pommade au sulfate de quinine.

Crevasses et Gerçures. — Baume Michaud, de Gien (Loiret).

Engelures. — Frictions avec le baume de Soliman.

Entorses ou Foulures. — Compresses avec ce mélange : eau de rose, dix parties ; alcool camphré, cinq parties ; sulfate de zinc, une partie. Lorsque ces accidents sont anciens, employer le Baume de Soliman.

Hernies. — Porter un bandage bien fait.

Rhumes de cerveau. — Graisser l'intérieur du nez avec de la pommade aux concombres.

Piqûres d'insectes. — Cautérisation avec l'alcali volatil.

Verrues. — Cautérisation avec l'acide nitrique.

Dentition des enfants. — Employer le bonbon Albertin, remède souverain pour faciliter la dentition.

AVIS AU LECTEUR

Avant de terminer cette brochure, je dois dire pourquoi je conseille presque exclusivement les produits Michel. Connaissant cette pharmacie de longue date, et les soins particuliers que demande la confection des médicaments que je conseille (qui ne sont pas secrets du tout), j'ai dû choisir une pharmacie à l'abri de tout reproche, et dont l'honneur et l'intérêt fussent engagés à ne rien négliger.

Voilà la raison pour laquelle j'emploie les produits Michel.

Produits préparés spécialement à la pharmacie MICHEL

R. BARLERIN, *successeur*.

Ces produits portent la signature : MICHEL et BARLERIN, et sont déposés au tribunal de commerce ; les contrefacteurs et imitateurs seront poursuivis.

Julep calmant, *sous forme de sirop* (MICHEL).

Composé à base de gomme, codéine et eau de laurier-cerise, il est sans contredit le seul médicament d'un effet certain pour calmer et guérir très-promptement les rhumes, coqueluche, asthme, grippe, maux de gorge, catarrhes pulmonaires, irritations de poitrine et des intestins, etc. (Voir *Maladies de poitrine.*)

Prix du flacon : 2 fr. 50 c. avec une instruction.

Amygdaline purgative (MICHEL).

Purgatif agréable et à base végétale, d'un emploi facile, n'irritant jamais l'estomac ni les intestins, purgeant aussitôt et sans la moindre colique. Remède certain pour combattre les embarras gastriques, maux d'estomac, constipation, etc.

Se vend 1 fr. le flacon avec l'instruction.

Pâte pectorale fortifiante au salep de Perse, *de la pharmacopée de Lemery (préparée par* MICHEL).

Le seul pectoral fortifiant employé avec avantage dans les maladies de poitrine, phthisies pulmonaire et laryngée, irritations d'estomac et des intestins, etc.

La boîte avec l'instruction : 1 fr. 25 c.

Emplâtre résolutif de Guillaume Le Serviteur, *pharmacopée de Lemery (préparé par* MICHEL).

Cet emplâtre est un puissant résolutif pour calmer les irritations de la gorge et de la poitrine, les douleurs rhumatismales, etc.

Prix du rouleau avec l'instruction : 1 fr.

Rob de noix de Galien (*pharmacopée de Lemery*), *préparé par* MICHEL.

Dépuratif par excellence pour les maladies de la peau et les maladies syphilitiques, bien préférable à l'huile de foie de morue. Pour le rendre plus actif, j'y ajoute dix centigrammes iodure de potassium par cuillerée ; il contient alors plus de principe actif que l'huile de foie de morue.

Prix : 2 fr. 25 c. et 3 fr. le flacon avec l'instruction.

Sirop ferrugineux (MICHEL), *à base de pyro-phosphate de fer citro-ammoniacal.*

Seul remède efficace dans la chlorose, la leucorrhée et l'aménorrhée ; il réunit dans sa composition les deux principes du sang et des os (phosphate et fer).

Prix du flacon : 2 fr. 50 c.

Tablettes stomachiques et Poudre stomacale *préparées par* MICHEL.

Composées de bismuth et magnésie, pour guérir les gastrites et maladies des voies digestives.

Papier chimique (MICHEL).

Employé journellement pour guérir les brûlures, cors aux pieds, douleurs, etc.

Toile médicale de César, de Michel (*pharmacopée de Lemery*).

Remède employé dans les maladies des femmes ; chute de matrice, etc.

En dépôt général à la pharmacie MICHEL.

Sirop Antispasmodique *à la Digitale du docteur Meynier.*

Elixir tonique , Dépuratif antiglaireux, du docteur Meynier, **Baume de Soliman** (*pharmacopée de Lemery*), *pour les douleurs.*

Julep et Essence vermifuge de Brugnatelly.

Bonbons *d'*Albertin, de Thizy, *pour la dentition des enfants.*

Des dépôts du **Café hygiénique Barlerin,** se trouvent établis dans toutes les villes de France et les principales villes de l'Etranger.

A Paris, rue de Jouy, 7, dépôt général ;

A Lyon, rue Tupin, 10, chez MM. Cherblanc et Bean ;

A Marseille, chez MM. Giraud frères, négociants.

Roanne. Imprimerie Sauzon, rue Impériale, 70.

www.ingramcontent.com/pod-product-compliance
Ingram Content Group UK Ltd.
Pitfield, Milton Keynes, MK11 3LW, UK
UKHW020512180726
13839UKWH00005B/2038